목차

『온누리 큐티』를 발간하면서

온누리교회 2기 담임 목사가 되면서 제 마음에 품은 2가지 소원이 있습니다. 첫째는 고 하용조 목사님께서 보여 주셨던 영성을 이어 가는 것이고, 둘째는 사도행전적인 교회에 대한 'Acts29'의 비전을 더욱 풍성히 맺는 것입니다. Acts29 비전의 핵심은 바로 '큐티'와 '일대일'입니다. 온누리교회 초창기에는 오전 9시부터 오후 4시까지 예배 후 큐티와 일대일 나눔이 있었습니다. 그 은혜의 나눔이 아름다운 공동체를 세웠고 사도행전적인 온누리교회로 열매를 맺었습니다.

온누리교회 2기 사역을 하면서 그 출발을 큐티로 시작하고자 합니다. 이에 『온누리 큐티』를 발간하게 된 것을 매우 기쁘게 생각합니다. 『온누리 큐티』는 하용조 목사님께서 보여 주셨던 큐티 방법과 원리로 구성되어 있으며 앞으로 온누리교회 큐티 교재의 표준이 될 것입니다.

큐티는 하나님이 내게 주시는 말씀을 듣는 것입니다. 하나님의 말씀은 창조와 생명의 능력이 있습니다. 모든 피조물도 말씀으로 창조하셨고, 죽음을 이기는 부활도 말씀으로 약속하셨습니다. 그래서 우리는 하나님의 말씀 앞에 서야 합니다.

하나님을 묵상하면 희망이 보이지만 나를 묵상하면 절망을 발견합니다. 하나님의 말씀을 묵상할 때 우리는 생명을 경험하고 인생의 풍성한 열매를 맺게 됩니다. 또한 하나님의 말씀을 묵상하면 인생의 비전이 열립니다. 세상을 변화시키는 리더십이 생깁니다.

이제 『온누리 큐티』로 큐티를 훈련하시고, 순 안에서 적극적으로 이 교재를 활용하여 건강한 말씀 묵상과 복된 삶을 누리시길 바랍니다.

온누리교회 담임목사 이 재 훈

▨ 헌신서약문 ▨

본인의 표현으로 서약 내용을 작성하십시오.

년 월 일

서약자 (인)

I

큐티란 무엇인가요?

1. 큐티의 정의

Q 큐티란 무엇인가요?

A 큐티란 매일 조용한 시간과 장소를 정하여 성경 말씀을 묵상함으로 하나님과 개인적으로 만나는 시간입니다. 예수 그리스도를 중심에 모심으로 그리스도인이 되고 또 구원을 확신하게 되면 그분과 인격적인 관계를 맺게 됩니다. 주님과의 관계가 더욱 깊어지기 위해서는 성경 말씀을 통해 나를 향하신 하나님의 음성을 듣고 묵상하며 삶에 적용해야 합니다. 큐티는 나의 삶이 변화되고 성숙해 가는 시간입니다.

아래의 요소들은 큐티에 있어서 꼭 필요한 조건들입니다.

○ **환경** : 말씀에 집중할 수 있는 조용한 시간과 장소

○ **시간** : 매일마다 (가급적 하루 일과를 시작하기 전)

○ **누구와** : 하나님과 개인적인 만남으로

○ **무엇을** : 하나님의 뜻을 발견하고 듣기 위해

○ **어떻게** : 묵상과 적용 – 열매 : 변화와 성숙

* 큐티는 말씀 안에서 시간을 보내며 하나님과의 친밀한 교제를 경험하는 것입니다. 하나님에 대한 지식과 정보를 많이 아는 단계에 머무는 것이 아니라 그분과 인격적으로 친밀한 관계를 형성하는 것입니다. 그러나 이런 친밀한 관계를 방해하는 요소가 있습니다. 그것은 분주함입니다.

유진 피터슨은 "분주함은 헌신이 아니라 배신의 표시다"라고 지적했습니다. 우리의 분주함의 원인은 교만과 게으름입니다. 게으른 사람들은 시간을 허비하며 내가 해야 할 일과 하지 않아도 되는 일을 구별하지 못해 점점 분주한 삶을 살게 됩니다.

하나님의 음성을 듣고 따르는 사람은 하나님과 친밀해집니다. 하나님과 친밀한 사람은 사람들과도 화평합니다. 이런 사람들의 내면은 치유함을 받습니다. 겸손한 마음이 되어 자유함을 누립니다. 큐티는 나의 삶을 변화시키며 성숙을 이루게 하는 시간입니다.

하나님의 약속은 우리가 날마다 먹을 만나요, 광야 같은 이 세상을 여행하면서 마셔야 할 물이다. – J. C. 라일

하나님께 나아가라. 오직 하나님만이 당신의 진정한 필요를 채워 주신다. – 헨리 블랙커비

2. 큐티의 핵심

Q 큐티의 핵심은 무엇인가요?

A _ 묵상

묵상은 기록된 말씀을 통해 살아 계신 하나님을 만나는 것입니다. 그 만남은 하나님의 성품을 알아 가는 것에서 출발합니다. 그래서 그 묵상을 통해 우리는 예수 그리스도의 성품을 닮아 가게 됩니다. 묵상의 대상은 내가 아니라 하나님이십니다.

묵상의 열매는 나의 인격의 변화입니다. 큐티는 거울과 같습니다. 거울이 나를 보여 주듯 말씀은 나의 나쁜 성격과 습관, 자신을 교묘히 속이는 것들을 짚어 줍니다. 그러면 스스로 변할 수밖에 없습니다.

그 변화는 "하나님은 누구이신가?"에 기초해야 합니다. 하나님은 인성과 신성을 동시에 가지고 계십니다. 그러므로 나와 인격적인 관계를 가지실 수 있습니다. 인간은 하나님의 형상에 따라 지어졌지만 유한한 인성을 가지고 있습니다. 유한한 인간은 하나님을 묵상함으로 무한한 하나님을 만나게 됩니다. 그 만남으로 인해 우리는 하나님을 알게 되고 닮아 갑니다. 우리를 부르신 하나님의 뜻을 발견하게 됩니다.

요한복음 10장 27절에서 예수님은 "내 양들은 내 음성을 알아듣는다. 나는 내 양들을 알고 내 양들은 나를 따른다"라고 말씀하셨습니다. 하나님의 자녀는 하나님의 음성을 듣고 순종합니다. 그리고 신뢰합니다. 하나님의 음성을 듣는 것, 곧 묵상은 하나님을 더 많이 알기 위한 것입니다. 또한 하나님의 성품과 하나님이 우리를 사용하시는 방법을 깨닫기 위한 것입니다. 우리는 묵상을 통해 우리를 향한 하나님의 계획과 우리에게 하시는 말씀을 깨닫게 됩니다. 그러면서 하나님을 점점 더 닮아 가고 하나님의 방법을 알게 됩니다.

○ **베드로후서 1장 3-11절을 읽고 다음을 나누어 보십시오.**

1) 그리스도 인에 있는 생명과 경건에 속한 모든 것을 받기 위해 무엇을 깨달아야 하나요?(3절)

2) 하나님이 우리에게 보배로운 약속을 주신 이유는 우리로 하여금 어떤 인생을 살게 하기 위함인가요?(4절)

우리가 주님을 닮아 갈수록 사람들에게 더 많은 사랑을 나타낼 것이다. – 그랜트 오스본

그분의 다가옴은 말씀으로 시작된다. 우리의 다가감은 들음으로 시작된다. – 켄 가이어

A _ 적용

큐티는 날마다 하나님의 말씀을 읽고, 묵상하며, 적용하고, 나누는 것입니다. 이 과정을 통해서 우리는 영적으로 건강해집니다. 이 가운데 '적용'은 나의 생각과 행동에 변화를 일으킵니다. 하나님이 원하시는 라이프 스타일, 즉 하나님이 원하시는 사고방식과 세계관을 갖게 합니다. 즉, 내 삶에 변화와 성숙이 일어나게 합니다.

또한 우리는 적용을 통해 하나님이 우리 삶을 어느 방향으로 인도하시는지를 알게 됩니다. 적용은 '하나님과의 동행'을 의미합니다. 많은 사람들이 과거의 경험을 토대로 현재를 살아갑니다. 그런데 불완전한 나의 성격, 경험, 지식에 의존하는 삶은 결국 불확실한 미래에 대한 불안감을 떨쳐 버릴 수 없습니다. 그러나 하나님의 말씀을 따라, 하나님의 원리를 따라 살아가는 삶은 평안을 누립니다. 과거의 모든 일을 합력해 선을 이루시고, 오늘의 발걸음을 인도하시며, 미래를 소망 가운데로 이끄시는 하나님과 동행하기 때문입니다.

믿음은 보이는 것과 보이지 않는 것을 결합하는 일이다. – 유진 피터슨

성경에 밑줄을 긋는 것도 좋지만, 성경이 당신의 삶에 밑줄을 긋게 하라. – 헬렌 켈러

3. 큐티의 목적

Q 큐티의 목적은 무엇인가요?

하나님은 우리에게 이 세대를 본받지 말고 끊임없이 마음을 새롭게 하기 위해 변화를 받으라고 말씀하십니다. 그러기 위해 우리는 하나님의 선하시고 기뻐하시고 온전하신 뜻이 무엇인지 분별해야 합니다(롬 12:2). 이것이 큐티의 목적입니다.

큐티는 우리를 승리하는 삶으로 인도해 줍니다. 그 승리는 하나님과의 관계가 친밀해지는 것과 하나님의 말씀을 통해 우리에게 주시기 원하는 하나님의 계획과 뜻을 아는 것으로부터 시작됩니다. 하나님의 뜻을 알면 우리는 삶의 장애와 고통으로부터 회복됩니다. 하나님의 뜻은 바로 우리가 하나님의 형상으로 창조되었음을 알고, 세상 속에서 하나님의 원리로 경영하고 통치하며 사는 것입니다.

우리는 큐티를 통해 죄로 인해 잃어버린 하나님의 뜻을 회복하고 하나님이 우리에게 약속하신 승리하는 삶을 살 수 있습니다. 이것은 "하나님은 누구이신가?"와 "하나님이 무엇을 말씀하시고 행하시는가?"를 알고, 오늘 내게 말씀하시는 하나님을 만나서 그 말씀을 나의 삶에 적용하는 것으로 가능합니다. 이를 통해 나의 인격과 가치관, 정체성이 변화하여 하나님의 자녀로서 세상에서 승리하는 것입니다.

우리가 삶 속에서 승리하는 비결은 두 가지입니다. 첫째는, '하나님과 얼마나 자주, 얼마나 깊이 만나느냐' 하는 것입니다. 둘째는, '하나님의 말씀을 얼마나 깊이 묵상하고, 묵상한 말씀을 내 삶에 어떻게 적용하느냐' 하는 것입니다.

A ○ 우리 삶의 승리를 위해(요일 5:4)

○ 하나님과의 개인적인 교제를 위해(잔 5:1, 호 6:6)

○ 하나님의 인도와 보호를 위해(시 119:105, 133)

○ 주님의 성품과 인격과 삶을 닮기 위해(고후 3:18)

○ 주님의 사역을 감당하기 위해(막 1:35, 눅 5:15-16)

우리가 주님의 말씀을 등불로 삼지 않는다면, 주님은 결코 우리에게 빛을 비추시지 않을 것이다. – 존 칼빈

거룩한 변화는 우리 마음에 있는 하나님의 은혜를 지속적으로 경험할 때 변치 않고 계속된다. – 찰스 피니

4. 큐티의 모델

큐티의 모델은 예수님입니다. 예수님은 새벽에 한적한 곳으로 가셔서 무릎을 꿇고 엎드려 기도하셨습니다. 그분은 사역하는 시간보다 하나님과 개인적으로 교제하고 만나는 시간을 더 중요하게 생각하셨습니다. 예수님은 언제나 사람의 인기를 피하셨습니다. 조용한 시간과 장소에서 하나님과의 일대일 만남을 우선순위로 정하고 지속적으로 유지하셨습니다.

Q 예수님은 하루를 어떻게 보내셨나요?(마 4:23)

Q 예수님이 바쁜 일과 중에 제일 중요한 시간으로 배정하신 일은 무엇인가요?(눅 5:15-16)

Q 예수님이 하루 일과 시작 전, 이른 아침에 가장 먼저 하신 일은 무엇인가요?(막 1:35)

Q 예수님은 하나님께 어떻게 나타나셨나요?(히 5:7)

Q 예수님은 하나님 앞에서 어떤 순종의 모습을 보여 주셨나요?(히 5:8)

예수 그리스도는 겸손한 인간의 모범이요, 우리 안에 있는 신적 사랑의 현시이다. – 히포의 어거스틴

II

큐티는 어떻게 해야 하나요?

1. 큐티를 위한 결단

예수님이 보여 주신 삶의 모델을 보면서 어떤 생각이 들었나요? 이제 세상을 승리하신 예수님이 보여 주신 삶의 원리를 따라 살고 싶지 않나요? 이제 당신의 삶에서 큐티를 하기 위한 결단이 필요합니다.

Q 큐티를 하기 위해 가장 먼저 필요한 것은 무엇인가요?

A _ 큐티를 위한 결단

○ 하루 중 가장 중요하게 여기는 일은 무엇인가요?

세상의 일보다 하나님을 위한 사역 또는 하나님과의 교제를 더 중요하게 여기나요?

○ 하루를 보내는 동안 주로 생각하는 것은 무엇인가요?

사람의 눈보다 하나님의 눈을 더 의식하나요?

○ 살면서 가장 우선순위에 두고 있는 일은 무엇인가요?

이제, 그 어떤 일보다 하나님과의 일대일 만남을 우선순위에 두겠나요?

_큐티를 위한 구별된 시간과 장소를 정해야 합니다.

매일 나의 삶을 시작하기 전에, 반드시 하나님을 먼저 만난 후 사람들을 만나고 일을 하겠다는 우선순위의 결단이 필요합니다. 시간은 30분 정도면 좋습니다. 1시간이면 더 좋습니다. 조용한 장소에서, 하나님과 개인적으로 만날 수 있는 곳, 친밀한 만남을 위해 누구에게도 방해를 받지 않는 장소에서 하나님을 만나려는 마음의 결심이 중요합니다.

_큐티할 때 우리가 소중히 지키기로 결단해야 할 세 가지 관계가 있습니다.

첫째, 하나님과 나와의 관계입니다.

하나님을 삶의 가장 우선순위에 둘 때, 우리의 인생은 안전하고 행복합니다. 큐티를 통해 하나님이 디자인해 주신 인생의 원리를 깨닫고 멘토링을 받게 되기 때문입니다. 그래서 우리는 사람을 만나기 전에 말씀을 통해 하나님이 우리에게 허락하시는 복과 계획에 대해 듣기를 사모해야 합니다. 그럴 때 우리는 복 있는 인생을 살게 됩니다(시 1편).

둘째, 사람과 사람과의 관계입니다.

사람과의 가장 아름다운 관계는 사랑의 관계입니다. 큐티를 통해 하나님이 나를 얼마나 사랑하시는지 깨달았다면 우리도 사람들을 사랑하는 삶의 태도를 가져야 합니다. 고린도전서 13장은 사랑에 대해 소개합니다. "사랑은 오래 참고"로 시작하여 "모든 것을 믿으며 모든 것을 바라고 모든 것을 견딥니다"라고 했습니다. 사랑은 하나님의 핵심적인 성품입니다. 우리는 사람들과의 관계 속에서 서로 사랑의 열매를 맺어야 합니다. 예수님도 "내가 너희에게 새 계명을 준다. 서로 사랑하라. 내가 너희를 사랑한 것같이 너희도 서로 사랑하라. 너희가 서로 사랑하면 이로써 모든 사람들이 너희가 내 제자임을 알게 될 것이다"(요 13:34-35)라고 말씀하셨습니다.

셋째, 세상과 나와의 관계입니다.

그리스도인은 세상에서 부름을 받았고, 다시 세상으로 보냄을 받았습니다. 큐티를 통해 그 부르심과 보내심을 나의 생활에 적용하고 열매를 맺는 것이 중요합니다. 매일 큐티를 하는 것은 세상의 가치관 속에서 하나님의 가치관을 가지고 살아가며 빛과 소금의 인생을 사는 시작입니다. 세상의 행복 기준은 '소유와 인기'입니다. 그러한 삶은 나 혼자는 잠시 행복할 수 있습니다. 그러나 하나님의 행복 기준은 '나눔과 섬김'입니다. 나누고 섬기면 모든 사람이 나를 통해 행복을 보고 희망을 봅니다. 그럴 때 우리는 세상에서 영향력을 미치며 주목을 받게 됩니다.

2. 큐티의 순서와 방법

＊ 큐티의 순서
찬양 _ 기도 _ 읽기 _ 묵상 _ 기록 _ 적용 _ 기도

○ 찬양

큐티를 시작할 때, 먼저 하나님을 '찬양'함으로써 시작합니다. 찬양은 그분의 성품을 높이는 것입니다. 또한 우리에게 베풀어 주신 은혜에 대하여 감사하는 것입니다. 찬양곡을 선택할 때는 가급적이면 "하나님은 누구이신가?"를 드러내는 내용을 선택하십시오. 곡의 주어가 '나'보다 '하나님'인 것이 좋습니다. 가사의 내용도 하나님의 이름, 성품, 행동이 구체적으로 드러나 있는 것이 좋습니다. 나의 느낌과 나의 감정에 호소하는 찬양 가사는 큐티를 하는 데 별로 도움이 되지 않습니다. 찬양은 우리가 마음의 문을 열고, 하나님의 임재를 경험하게 하는 하나님의 방법입니다. 그러므로 찬양을 통해 우리는 하나님께 가까이 나아가게 되고, 읽을 말씀에 대해 마음의 준비를 할 수 있습니다.

Q 어떻게 찬양해야 하나요?

A _ 하나님의 이름을 찬양하십시오.
_ 하나님이 행하신 일을 찬양하십시오.
_ 하나님의 임재를 구하는 찬양을 하십시오.

○ 기도

큐티를 할 때 반드시 '기도'하십시오. 기도는 하나님의 말씀을 듣고 그 말씀이 이루어지도록 나를 내려놓고 맡기는 것입니다. 기도는 인격적이신 하나님으로부터 오는 말씀을 내 마음에 받고 그 뜻이 내 삶에 이루어지길 바라는 것입니다. 그렇기 때문에 하나님께서 나에게 하시는 말씀을 잘 들을 수 있도록, 또한 듣고 깨달은 말씀을 삶 속에서 행할 수 있도록 간구해야 합니다.

많은 말로 기도하지 마십시오. 조용한 시간 중에 성령님의 인도하심을 구하십시오. 많은 간구보다는 하나님의 임재를 구하는 기도와 하나님을 높이는 고백을 하는 것이 좋습니다.

또한 하나님의 말씀을 듣기 위해서는 내 안의 죄를 회개하는 기도를 함께해야 합니다. 내 안의 소리들이 모두 잠잠해지고 하나님의 소리가 들리도록, 나의 의지적인 분석과 판단이 아니라 하나님이 내게 하고자 하시는 말씀을 겸손히 듣기 원한다고 기도하십시오. 그럴 때, 나의 귀와 눈이 열려 하나님이 하시는 말씀을 듣고 보게 됩니다.

○ 읽기

큐티 본문을 읽을 때 우선 하나님의 말씀을 듣고자 하는 겸손한 마음이 필요합니다. 또한 말씀의 권위를 인정하며 마음과 뜻을 다해 읽고 마음을 집중해야 합니다. 주어진 본문을 지속적으로, 천천히 반복해서 읽는 것이 중요합니다. 이렇게 읽는 동안 내가 하나님의 생각과 마음속으로 들어가고, 또한 그분이 내 안으로 들어오시게 되어 우리도 점점 주님을 닮아 가게 됩니다. 나의 선입관을 내려놓고 본문의 의미와 메시지가 무엇인지를 발견해야 합니다. 즉, 나의 의도와 생각의 틀 속에 말씀을 맞추지 않도록 주의하십시오. 본문이 무엇을 이야기하는지 잘 이해해야 합니다.

Q 어떻게 읽어야 하나요?

A _ 3번 정도 본문을 천천히, 내용을 파악하며 읽습니다.

첫 번째 읽기 : 이해(Understanding)를 얻기 위해

두 번째 읽기 : 통찰(Insight)을 얻기 위해

세 번째 읽기 : 적용(Application)하기 위해

말씀을 읽는 사람은 점차 주님을 닮아 가기 때문에 실제 나이가 많든지 적든지 상관없이 다른 사람들에게 말과 행동, 사랑, 믿음과 순결에 있어 성숙의 본을 보이게 됩니다.

"그대가 젊다고 해서 누구라도 그대를 업신여기지 못하게 하고 오직 말과 행실과 사랑과 믿음과 순결에 대해 믿는 사람들의 본이 되어라. 내가 갈 때까지 그대는 성경 낭독과 설교와 가르치는 일에 전념하여라" (딤전 4:12-13).

○ 묵상

'묵상'은 본문이 제시하는 바를 깨닫고, 깨달은 말씀을 자신의 현재 모습에 비추어 보는 과정입니다. 묵상을 통해 우리는 하나님과 대면하게 됩니다. 그분이 누구이신지, 그분이 본문 안에서 행하시는 일들의 동기는 무엇이며, 그 내용과 목적이 무엇인지 발견하게 됩니다. 이 발견을 통해서 나는 하나님을 알아 가고 닮아 가기 시작합니다. 그러므로 묵상을 통해 내 성품과 가치관이 변하는 것입니다. 이때 가장 중요한 것은 내가 깨닫는 것이 아니라 하나님이 깨닫게 하신다는 사실을 인정하는 것입니다.

Q 어떻게 묵상해야 하나요?

A _ 본문을 읽으며 마음에 와 닿는 단어나 구절을 찾습니다.
_ 그것을 통해 질문하고, 생각하고, 답을 찾는 과정을 반복합니다.

Q 묵상을 위해 할 수 있는 질문은 무엇인가요?

A _ 하나님은 누구이신가?

본문에 나타난 하나님의 성품을 찾으십시오. 그분의 변함없는 성품을 묵상하십시오. 그 성품을 묵상할 때 진정한 예배자가 되며 그 묵상을 통해 하나님의 성품을 닮아 가게 됩니다(벧후 1:4). 그래서 잃어버린 하나님의 형상을 회복하게 되고 하나님과 동행하는 삶을 살게 됩니다.

[더 깊은 내용은 "하나님의 속성(일대일 양육)" / "하나님의 성품", "요한복음"(이상 온누리 OBC 과정) 성경 공부 과정을 참고하기 바랍니다.]

우리는 문제를 통해 하나님을 보려고 해서는 안 된다. 하나님을 통해 문제를 봐야 한다. – T. F. 테니

_하나님은 무엇을 행하고 계신가?

본문에서 하나님은 누군가를 향해 말씀하시고 행동하십니다. 그 의도와 목적을 이해하고 그 행동을 묵상하면 하나님의 위대한 능력을 경험할 수 있습니다. 또한 그분이 오늘 나의 삶에 대하여 어떤 관점을 가지고 계시는지 발견하게 됩니다. 큐티 본문에 나타난 사건 속에서 보여 주시는 하나님의 관점을 오늘 나의 삶에 적용하게 될 때 성경 속에 나타난 하나님의 놀라운 역사가 내게도 일어나게 됩니다.

_나에게 주시는 말씀은 무엇인가?

위의 두 가지 관점으로 묵상하고 나면 말씀 속에서 역사하시는 그 하나님이 오늘 내 삶에도 동일하게 역사하시도록 나의 모든 주도권을 내어 드리게 됩니다. 그리고 내 삶의 어떤 영역에 하나님이 역사하셔야 하는지 발견하게 됩니다. 오늘 나의 성품과 가치관, 내가 겪고 있는 사건에 대한 하나님의 메시지를 발견하게 됩니다. 자의적인 해석은 우리를 혼란스럽게 하지만, 하나님의 관점으로 하는 묵상은 "내 발에 등불이요, 내 길의 빛"이라고 고백하게 합니다(시 119:105).

Q 묵상을 위해 할 수 있는 또 다른 질문은 무엇인가요?

A _ 내가 받을 교훈은 무엇인가?

_ 내가 버려야 할 일은 무엇인가?

_ 내가 선택해야 할 사건은 무엇인가?

_ 내가 따라야 할 모범은 무엇인가?

_ 내가 회개해야 할 죄는 무엇인가?

○ 기록

'기록'은 영혼의 그림과 같습니다. 마음과 생각으로만 묵상을 한다면 아무리 깊은 은혜를 누렸다 해도 시간이 갈수록 그 은혜는 연기처럼 사라집니다. 하나님이 성경을 글로 남겨 주신 이유는 지속적으로 그것을 읽고 묵상함으로써 과거에 우리와 함께하셨던 하나님에 대한 감사를 잊지 않고 기억하도록 하기 위함입니다. 기록은 과거에 베푸신 하나님의 은혜를 기억하게 할 뿐 아니라 현재와 미래를 이끄시는 하나님에 대한 믿음과 순종의 증거가 됩니다. 기록은 나의 인생에 대한 하나님과의 만남의 흔적입니다. 인간이 할 수 있는 가장 위대한 생각은 하나님에 대한 생각입니다. 파스칼은 『팡세』에서 "하나님은 너무나도 자비하셔서 숨어 계실 때조차도 우리에게 유익한 교훈을 주시는데, 그 모습을 나타내실 때에는 얼마나 큰 빛을 주시겠습니까?"라고 말합니다. 하나님은 우리가 하나님을 생각하고 그분의 뜻을 찾고 주신 말씀을 기쁨으로 받아 하루하루 삶 속에 잘 새겨 기록하기를 원하십니다.

Q 어떻게 기록하나요?

A _ 본문에 나타난 하나님의 성품과 행동을 큐티 노트에 기록합니다.
_ 하나님을 묵상하면서 질문하고 생각하고 답을 찾은 내용을 기록합니다.
_ 묵상을 통해 마음에 떠오르는 감동을 기록합니다.
_ 질문을 통해서 깨닫게 된 내용을 기록합니다.
_ "주님이 나에게 ~라고 말씀하신다"라고 쓰십시오. 그래야 더 깊은 영향력이 나에게 미치게 됩니다.
_ 기록은 구체적인 표현으로 해야 합니다. 그리고 마음에 있는 묵상의 결론을 자세히 적을수록 좋습니다.

○ 적용

말씀이 제시한 것에 순종하기 위해 내가 어떻게 변화되어야 하는가를 찾아내는 것이 '적용'입니다. 적용의 대상은 나입니다. 적용은 깨닫게 된 내용을 내 삶에 대입해 보았을 때, 그 깨달음을 기준으로 내게 부족한 것이 무엇인지를 발견하는 것이며, 그러면 이제 어떻게 할 것인지를 구체적으로 생각하고 실천하는 것입니다.

큐티는 하나님의 뜻을 묻고, 그분의 음성을 듣고, 그 음성대로 선택하고 결정하는 것입니다. 인생은 선택의 연속입니다. 나의 선택권을 하나님께 묻고, 드릴 때 하나님이 나를 책임지십니다. 설령 나의 기대대로 이루어지지 않더라도, 그 일에 대하여 하나님이 책임져 주십니다. 그렇기 때문에 하나님은 우리의 선택권과 결정권을 그분께 드리길 원하십니다.

"누구든지 내 계명을 가지고 지키는 사람은 나를 사랑하는 사람이다. 나를 사랑하는 사람은 내 아버지의 사랑을 받을 것이고 나 또한 그 사람을 사랑하고 그 사람에게 나를 나타낼 것이다"(요 14:21).

Q 어떻게 적용해야 하나요?

A _ 묵상의 내용을 통해서 내가 변화되어야 할 부분이 무엇인지를 찾습니다.

○ 아래의 세 가지 기준을 가지고 기록합니다.

1. 개인적이어야 합니다(Personal).

나의 지식, 감정, 의지(행동)를 결정하는 요인, 즉 가치관에 대해 적용해야 합니다. 하나님의 성품과 가치관과 나의 성품과 가치관을 잘 비교하여 하나님의 형상을 회복하고 그분을 닮아 가야 합니다.

2. 실질적이어야 합니다(Practical).

추상적 개념이 아닌 나의 행동과 언어의 태도를 실질적으로 변화시킬 수 있는 적용점을 찾아야 합니다.

예) 내 이웃을 사랑해야겠다. → 회사 동료의 힘든 마음을 살펴 커피 한 잔과 함께 격려의 한마디를 전하겠다.

3. 실현 가능해야 합니다(Possible).

오늘부터 바로 적용할 수 있는 기초적인 삶의 실천 리스트를 작성할 수 있어야 합니다. 나의 말과 생각, 태도로부터 찾으면 좋습니다. 반드시 실천할 대상이 있고 변화된 행동의 내용이 있어야 합니다.

○ 기록한 내용을 실천합니다.

아침에 묵상하고 실천한 내용을 저녁에 잠들기 전에 다시 한 번 봅니다. 하루의 삶에서 받은 하나님의 은혜와 내가 그 말씀에 순종하며 실천한 내용을 생각하며 느낀 점을 적어 봅니다.

Q 적용을 잘하기 위한 질문은 무엇인가요?

A _ 본문에서 발견한 하나님의 성품을 어떻게 경험할 수 있을까?

_ 본문에서 역사하시는 하나님은 내 삶에서 어떤 일을 하실까?

_ 하나님은 오늘 내가 무엇을 하길 원하실까?

_ 내가 버려야 할 것(생각, 일, 습관 등)은 무엇일까?

_ 내가 선택해야 할 변화된 삶의 모습은 무엇일까?

○ 기도

성령님의 인도하심을 따라 매일 큐티한 내용 속에서 주님이 말씀해 주신 내용을 붙들고 깊이 '기도'하면 새로운 결단을 하게 됩니다. 오늘 나에게 말씀을 주신 주님, 교훈을 주신 주님, 격려와 용기를 주신 주님을 찬양하게 됩니다.

Q 어떻게 기도해야 하나요?

A _ 큐티를 통해서 깨닫게 하신 하나님께 감사의 기도를 드립니다.
_ 큐티를 통해서 나에게 주신 은혜를 지킬 수 있도록 기도합니다.
_ 큐티를 통해서 내 삶에 적용할 내용을 실천할 수 있도록 기도합니다.

하나님의 뜻에 미음을 둔 사람은 무엇에도 요동하지 않고 하나님의 세계에 서 있다. – 존 우드 오만

III

큐티 나눔은 어떻게 해야 하나요?

1. 큐티 나눔

Q 큐티 나눔은 어떻게 준비해야 하나요?

_ 함께 나눌 공동체를 만드십시오.

_ 깨닫게 된 말씀을 나누십시오.

_ 적용하고 실천했을 때 생긴 유익을 나누십시오.

하나님은 우리를 공동체로 부르셨습니다. 우리는 사랑의 관계를 통해서 하나님을 알아 가고 자기 안에 있는 하나님을 경험할 수 있습니다. 또한 다른 사람과의 인격적인 관계를 통해서 하나님을 친밀하게 알아 갈 수 있습니다. 요한일서 4장 12-13절을 보면 우리가 서로 사랑하면 하나님이 우리 안에 거하시고 우리가 하나님 안에 거하는 줄을 알게 되고, 하나님의 사랑이 우리 안에 이루어진다고 기록되어 있습니다.

"지금까지 아무도 하나님을 본 사람이 없습니다. 그러나 우리가 서로 사랑하면 하나님께서 우리 안에 계시고 하나님의 사랑이 우리 안에서 온전히 완성됩니다. 하나님께서 우리에게 성령을 주셨습니다. 이것으로 우리는 우리가 하나님 안에, 하나님께서 우리 안에 계시는 것을 압니다"(요일 4:12-13).

2. 큐티의 주의사항

큐티의 주의사항을 극복하십시오.

일정 분량의 하나님 말씀을 매일 읽고 묵상하기 때문에 많이 읽는 것과 천천히 깊이 읽는 것을 경시할 수 있습니다. 또한 큐티를 하다 보면 깊은 기도를 소홀히 할 수 있습니다. 철야 기도, 금식 기도, 산 기도와 같은 기도의 훈련이 필요합니다. 마지막으로 큐티를 하다 보면 큐티를 하지 않는 사람들에 대한 정죄의 마음에 빠지기 쉽습니다. 이런 교만을 경계해야 합니다.

Q 큐티하는 사람이 갖게 되는 주의사항은 무엇인가요?

○ 다독과 정독에 대한 경시

○ 기도 훈련에 대한 소홀함

○ 율법주의

3. 큐티를 잘하는 비결

Q 큐티를 잘하는 비결은 무엇인가요?

A ○ 타인에게 큐티를 소개하고 권면하십시오.

○ 하나님의 성품에 대한 묵상을 통해 나의 성품과 가치관에 있어 늘 하나님을 닮아 가기 위해 적용하십시오.

○ 성경에 대한 균형 있는 훈련이 필요합니다. 통독과 묵상의 훈련을 함께하고, 본문의 배경을 잘 이해하면 건강하고 균형 있는 묵상에 도움이 됩니다.

○ 하나님이 우리에게 하시는 말씀에 항상 귀 기울이는 겸손함이 필요합니다.

○ 자신을 객관적으로 보고 생각할 수 있는 태도가 필요합니다. 나의 문제가 급하고 힘들수록 나의 관점은 주관적이 됩니다. 말씀 앞에서 나를 바라보시는 하나님의 관점을 찾도록 훈련하십시오.

○ 나눔을 할 때 다른 사람에 대하여 가르치려 하지 마십시오. 큐티는 공부가 아닌 삶의 나눔입니다. 각자의 삶에 대하여 말씀하시는 하나님의 메시지를 듣고 나누는 것입니다.

○ 적용에 대해 반드시 실천하십시오. 큐티의 열매는 하나님이 깨닫게 하신 것에 대한 순종입니다.

QT *Sample* I.

본문 :

로마서 12:1-2

1 그러므로 형제들이여, 내가 하나님의 자비하심으로 여러분에게
권합니다. 여러분의 몸을 하나님께서 기뻐하시는 거룩한 산 제물로
드리십시오. 이것이 여러분이 드릴 영적 예배입니다. 2 여러분은 이
세대를 본받지 말고 오직 마음을 새롭게 함으로 변화를 받아 하나님
의 선하시고 기뻐하시고 온전하신 뜻이 무엇인지 분별하도록 하십
시오.

제목 : **(제목을 꼭 적으십시오.)**

성도의 삶

요약 :

새롭게 변화되어 예수님을 닮아 가는 삶을 살아가라.

묵상 :

이 세대를 본받지 말아야 하지만, 평소에는 잘 순종하다가도 손해 보는 일이 생길 때는 어김 없이 세상 방법을 사용하는 나를 본다. 내가 예수 그리스도 안에서 진정으로 변화되었는지 안 되었는지는 결정적인 순간에 나타난다. 손해를 볼 때, 자동차 접촉 사고가 났을 때, 누군가 내 자존심을 건드렸을 때 등이다. 십자가의 예수님이시라면 어떻게 하셨을까? 아무 죄도 없이 억울하게 못 박히시면서도 저들을 용서하라고 하신 예수님, 세상적으로는 도저히 이해할 수 없는 용서를 하라시는 예수님을 보며 아직도 철저히 세상적인 나를 돌아보게 된다. 앞으로는 어떤 일이 일어나도 먼저 '예수님이라면 어떻게 하실까'를 생각하며 행동하려고 노력해야겠다. 그래서 나의 삶이 하나님께서 기뻐하시는 거룩한 산 제사가 되게 해야겠다.

적용 : (내가 시행할 수 있는 것을 구체적으로 적습니다.)

어제 회사에서 옆 부서 김 부장에게 언성을 높였다. 김 부장이 일을 처리하는데 우리 부서가 협조를 안 해서 제대로 마무리를 못했다고 말하는 바람에 참지 못하고 "당신 부서가 오히려 협조를 안 해서 우리가 도와주지 못했다"고 맞받아쳤다. 생각해 보니 모두 자존심 문제로 서로 돕지 않은 채 서로 네 탓이라고 손가락질만 한 것이다. 나 역시 이 세대를 철저히 본받은 행동을 한 것이다. 예전에 "모두 내 탓이오"라고 써 붙이고 다니던 표어가 생각난다. '예수님이라면 어떻게 하셨을까?' 믿는 자라고 하는 나 자신이 부끄럽다. 내일 아침 출근하면 먼저 김 부장을 찾아가 사과하고 잘 도와줘야겠다. 이렇게 결심하니 내 마음이 갑자기 평안해진다. 할렐루야!

기도 :

하나님, 매일의 삶 가운데 항상 '예수님이라면 어떻게 하실까?'를 생각하고 행동에 옮기게 하소서. 이 세대를 본받지 말고 하나님의 선하신 뜻을 분별할 수 있도록 인도해 주시기를 바랍니다. 예수님의 이름으로 기도합니다. 아멘.

QT *Sample* II.

본문 :

로마서 12:4-5

4 우리가 한 몸에 많은 지체를 가졌으나 모든 지체가 같은 기능을
하는 것이 아닙니다. 5 이와 같이 우리 많은 사람들도 그리스도 안
에서 한 몸을 이루었고 각 사람은 서로 지체가 됐습니다.

제목 : (제목을 꼭 적으십시오.)

나는 어떤 기능을 하는 지체인가!

요약 :

한 몸에 많은 지체를 가졌지만 모두가 같은 기능을 하지 않는 것처럼, 우리도 각 사람의 모양대로 그리스도 안에서 지체가 되었다.

묵상 :

나는 어떤 지체일까? 난 얼굴이고 싶고 눈이고 싶고 오른손이고 싶다. 하지만 이건 나의 바람이고 하나님께서 내게 주신 기능은 맹장이거나 소장이거나 쓸개일 수 있다. 이것들 또한 내 몸에서 없어서는 안 될 지체이지만, 보이지 않는 곳에 있는 것보다는 사람으로부터 주목받고 칭찬받는 지체가 되고 싶다. 나의 몸 어느 부분이나 모두 중요하지만 아직도 사람의 눈을 의식해 나를 나타내고 싶은 마음이 나를 붙잡는다. 몸의 각 기관들은 서로를 도와 아름다운 몸을 만들어 가는 것인데도 남을 도와주고 배려하는 역할보다는 먼저 얼굴이 되고 싶고 손이 되고 싶다. 하나님, 나의 역할을 알게 해 주시고 그것에 감사하며 함께 협력하여 하나가 되는 사명을 소중히 감당하도록 해 주세요.

적용 : (내가 시행할 수 있는 것을 구체적으로 적습니다.)

같은 몸의 지체이면서도 서로를 생각하고 사랑으로 위로하고 감싸 주지 못한 자신이 부끄럽게 느껴진다. 순에서 어려움을 나눴던 박 집사에게 내일 따뜻한 위로의 문자를 보내야겠다. 순에 참석하지 못한 이 집사에게도 전화를 걸어 안부를 묻고 짧지만 진심을 담은 축복 기도를 해야겠다.

기도 :

하나님, 매일의 삶 가운데 하나님을 찬양하며 무슨 일을 하든지 주님을 섬기듯이 할 수 있도록 사랑으로 인도해 주시기를 바랍니다. 예수님의 이름으로 기도합니다. 아멘.

QT *Sample* III.

본문 :

시편 23:1-3

1 여호와는 나의 목자이시니 내게 부족한 것이 없습니다. 2 그분이
나를 푸른 목장에 눕히시고 잔잔한 물가로 인도하십니다. 3 내 영혼
을 회복시키시고 당신의 이름을 위해 의로운 길로 인도하십니다.

제목 : (제목을 꼭 적으십시오.)

하나님의 인도

요약 :

하나님은 나의 목자가 되어 푸른 초장으로, 잔잔한 물가로, 의의 길로 인도하신다.

묵상 :

주님은 앞을 보지 못하는 양을 인도하여 꼴을 먹이고 물을 먹이는 목자이시다. 영적 전쟁에서 힘들어하는 나를 이끌어 내어 먹을 것을 주시고 영혼을 깨끗하게 씻어 주시는 분이다. '주님께 모든 걸 맡깁니다'라고 고백하면서도 때때로 감도는 영적 냉기를 어찌할 수 없을 때가 종종 있다. 그럴 때면 주님께서는 혹시 내가 유혹에 빠질까 봐 막대를 휘두르신다. 그리하여 내가 거룩한 백성이 되어 주님의 전에 머물며 주님과 함께 사람을 섬기도록 재촉하신다. 이처럼 주님은 나를 의의 길로 인도하시는데, 주님과 달리 나는 삶의 현장에서 다른 사람을 책망하고 정죄할 때가 많다. 내 영혼을 회복시키는 주님의 말씀을 붙잡고 나 자신과 내가 가르치는 학생들을 의의 길로 인도해야겠다.

적용 : **(내가 시행할 수 있는 것을 구체적으로 적습니다.)**

내가 가르치는 학교에 말썽쟁이가 몇 명 있다. 아무리 제재를 가해도 범인을 알 수 없을 정도로 지수 높은 장난을 친다. 그 아이들의 장난에 약이 올라 야단을 치기도 하고 위협도 마다하지 않는다. 그런데 주님이시라면? 나처럼 언성을 높이고 벌을 세우실까? 수업에 들어갈 때마다 고민하는 문제다. 사랑이 부족하고 기도도 부족하다. 다음 수업 때는 열심히 기도한 후 수업에 들어가서 사탕을 하나씩 선물로 주겠다. 그리고 부드러운 목소리로 사랑의 말을 전하겠다. "God bless you"라고. 사탕과 사랑의 말에 아이들의 마음이 녹을 상황을 생각하니 괜히 즐겁다.

기도 :

하나님, 아이들을 사랑하게 하소서. 그리스도의 향기가 전달되게 하소서. 학생들이 그리스도의 사랑으로 선악을 알게 하소서. 그리하여 변화되게 하소서. 예수님의 이름으로 기도합니다. 아멘.

IV

큐티 나눔 할 때 지켜야 할 원칙

순장이 할 일

· 성령님이 순 모임을 인도하시도록 항상 기도하며 말씀을 통해 자신에게 주실 메시지를 간구한다.

· 언제든 순원들과 나눌 수 있도록 삶의 간증을 준비한다.

· 엉뚱한 이야기가 나올 때 중심 주제로 이끌어 갈 수 있도록 핵심 주제를 정리한다.

· 큐티 본문 말씀이 자신을 변화시키도록 기도한다.

· 큐티 나눔 시 각자의 묵상을 나누도록 인도한다.

· 순원들이 하나님께 집중하도록 기도와 묵상으로 인도한다.

· 순장이 먼저 자신의 연약함과 하나님을 만난 경험을 나눈다.

· 하나님께 순종하는 모습을 먼저 보여 준다.

순 모임을 인도할 때 주의해야 할 점

· 큐티를 성경 공부나 강의식으로 인도하지 않는다.

· 반드시 큐티를 한 뒤 순 모임에 참여한다.

· 순장은 5분 이상 말하거나 결론을 내지 않는다.

· 순원 중 어떤 사람도 희생양으로 만들지 않도록 한다.

· 순원 중 독점자(아무 때나 참견하는 사람)가 나오지 않도록 한다.

· 순원 중 침묵자(상처에 대한 두려움이 있는 사람)가 있으면 격려해 주고 안심시켜 준다.

· 순원 중 불평자(모임에 참석한 목적이 다른 사람)가 있으면 순장이 불평자의 말을 끊어 준다.

· 순원이 특정 목적(상거래, 돈거래, 부동산 투기, 증권투자 등)으로 참여하는 것을 금한다.

순원이 할 일

- 자신이 삶 속에서 경험한 하나님을 나누기보다 말씀에서 깨달은 바를 나눈다.
- 순장의 권위를 인정하며 순장을 위해 기도한다.
- 상대방의 이야기에 긍정적인 반응을 보이며 그를 격려하고 배려한다.
- 자신이 나눌 때는 충분히 말하고, 다른 사람이 나눌 때는 충분히 경청한다.
- 사역을 중심으로 나누기보다 성품을 중심으로 나눈다.
- 역동적으로 큐티를 나누며, 적극적으로 모임에 참여한다.
- 자신이 나누고자 하는 바를 잘 전달할 수 있도록 의사소통하는 법을 훈련한다.
- 큐티를 많이 해 보지 않았더라도 적극적으로 참여한다.

순 모임에 참석할 때 주의해야 할 점

- 독점자(아무 때나 참견하는 사람)가 되지 않도록 주의한다.
- 침묵자(상처에 대한 두려움이 있는 사람)가 되지 않도록 주의한다.
- 불평자(모임에 참석한 목적이 다른 사람)가 되지 않도록 주의한다.
- 나눔 시간을 초과하지 않는다.
- 타인의 나눔에 대해 논쟁으로 이끌지 않는다.
- 엉뚱한 이야기(이단, 외부 훈련 강조, 예언 기도 등)는 하지 않는다.
- 교묘히 남을 험담하거나 타인의 비밀을 순 모임 밖에서 이야기하지 않는다.

순장이 새가족을 위해 할 일

- 새가족이 평안히 마음을 열 수 있도록 분위기를 만들어 간다.
- 새가족이 자신을 드러내고 적응할 수 있도록 시간을 마련한다.
- 새가족이 우선 듣는 훈련부터 하도록 격려한다.

온누리 큐티

초판 발행 | 2013. 2. 25
19쇄 발행 | 2024. 12. 23
등록번호 | 제1988-000080호
등록된 곳 | 서울특별시 용산구 서빙고로65길 38
발행처 | 사단법인 두란노서원
영업부 | 2078-3333 FAX | 080-749-3705
출판부 | 2078-3331

책 값은 뒤표지에 있습니다.
ISBN 978-89-531-1897-3 03230

독자의 의견을 기다립니다.
tpress@duranno.com http://www.duranno.com

이 책의 성경 본문은 우리말성경을 사용했습니다.

두란노서원은 바울 사도가 3차 전도여행 때 에베소에서 성령 받은 제자들을 따로 세워 하나님의 말씀으로 양육하던 장소입니다. 사도행전 19장 8-20절의 정신에 따라 첫째 목회자를 돕는 사역과 평신도를 훈련시키는 사역, 둘째 세계선교(TIM)와 문서선교(단행본 · 잡지) 사역, 셋째 예수문화 및 경배와 찬양 사역, 그리고 가정 · 상담 사역 등을 감당하고 있습니다. 1980년 12월 22일에 창립된 두란노서원은 주님 오실 때까지 이 사역들을 계속할 것입니다.